Café de la mañana

Café de la mañana

y otras inspiraciones de amor lunático

Luis Asencio Camacho

蝙蝠
pien fu

ISBN-13: 978-0-9968585-5-7

Foto de la portada: FTiare

Foto del autor: NCL

蝙蝠
pien fu
Ediciones Pien Fu
Cabo Rojo, Puerto Rico

A la mujer…
porque es ser maravilloso
y vicio divino —bendición de unos
y perdición de otros.

Contenido

El amor debe ser como el café.
A veces fuerte, otras dulce, a veces solo,
otras en compañía, pero nunca frío.

MEGAN MAXWELL

Café de la mañana

Quiero despertar en tu almohada,
y verte amanecer despeinada,
para oírte preguntarme:
«¿Cómo quieres tu café de la mañana?»,
y responderte con un tierno beso:
«¿Habrá manera más dulce que eso
de beberlo en compañía de mi amada?»

Terror

No le temo al tiempo,
tampoco a la distancia;
sí al distanciamiento
y a la indiferencia.

Puedo soportar tormentos
y mil veces morir,
pero nada me aterra tanto
como encarar una vida sin ti.

Impensable

Puedo cruzar los mares en un segundo;
puedo vivir sin comer o respirar;
puedo lograr el mayor absurdo del mundo,
pero impensable me es dejarte de amar.

Musa

¿Cuándo fue la última vez
que tu nombre fue música
y tu existencia inspiración?
Ven, te invito a ser mi musa
y juro amarte con devoción.

Perdónala, Señor

Perdónala, Señor,
que la culpa es toda mía,
por amarla de esa manera,
sabiendo que no debía.
Si has de castigar a alguien,
castígame, Señor, a mí,
que culpa no tiene ella
de yo llegar a amarla así.

Inexplicable

Que por qué te amo tanto;
no me exijas explicación.
Insondables son los designios
de este terco corazón.

Perseverancia

No me ames, me pediste.
Cosa imposible, dije yo.
Por qué insistes, me dijiste.
Porque mi corazón ya te eligió.
No quiero que me quieras, insistías;
pero yo no te escuché.
Para y vete, me pedías,
y aún así yo continué.
No sabes lo que dices, me porfiabas;
yo seguí apostando a mí.
Hasta que un día dijiste que me amabas;
te besé y te dije: No más que yo a ti.

Y...

Llórame tus penas al hombro
        y te consolaré
Compárteme tus alegrías e ilusiones
        y contigo sonreiré
Confíame tus metas y tus sueños
        que yo te apoyaré
Dime que serás toda mía
        y por siempre te amaré.

Mía

Mía, toda mía fuiste anoche;
te tendí sobre la cama, te besé,
tus labios mordí, tus senos estrujé;
y te amé sin medir fuerzas y en derroche.
Mía y única te hice de mí;
raspé mi barba por toda tu espalda
mientras hombros y cuello acariciaba;
tus gemidos de amor no tenían fin.
Mía, únicamente mía fuiste;
te amé sin miedos y sin tapujos;
«Te amo», entre besos me dijiste.
Todavía no sé quién a quién sedujo;
si tú a mí, si yo a ti —¡no lo sé!
De que te gocé toda estoy seguro.

Condenado

Arriesgo el cielo por ella
y me hundo
lenta e irremediablemente
en la tentación.
Preso soy de sus besos;
ardo en la hoguera,
en las llamas,
de la pasión.
Peligro de condenar el alma
por convertirla
en ídolo de mi salvación.
Necio soy por creer
en su cariño,
—qué insensato y ciego—
por no creer en una simple ilusión.

Dulce Paola

Te amo, dulce Paola; sabes que es así;
a puro grito o en silencio mi ternura
es tal que a veces raya en la locura
y no sé si llamarla pasión o frenesí.

Me enamoré de tus encantos y virtudes
y lo que te confieso es tan verdadero
como el sol y, como diamante, duradero;
así te quiero, dulce amiga, no lo dudes.

Te amo, dulce Paola; sabes que es así;
te amo con locura rayana en frenesí
porque alegras mi existencia cada día.

Cual Pigmalión soy, cuya enamorada crea
en hermosa, buena y perfecta Galatea,
pues si no existieras, yo te inventaría.

Incertidumbre

Me preguntas si te amo,
si mis sentimientos son reales.
¿Acaso no ves que tiemblo
cuando te hablo de mis planes?
Quiero tu vida atada a la mía,
tus ilusiones y esperanzas abrigar;
quiero tomar tus sueños y fantasías,
y todo cuanto puedas anhelar.
Preguntas si me equivoco;
si no son cosas de loco.
¡Qué va, tesoro mío!
Si en tus ojos veo un futuro.
Te pido, dame tus ojos,
entrégame tu respiración,
quiero tus senos, quiero tus labios,
quiero sucumbir a tu tentación.
De arriba abajo, todita toda;
absoluta en el tiempo eres para mí;
si hay algo de lo que no tengo duda
es querer una vida junto a ti.

Frente a frente (linda Carolina)

Te abrigué en mi corazón,
extrañando días por vivir,
agonizando un pasado sin ti,
me mata lentamente la pasión.
Mi linda Carolina, escúchame:
ahora que te tengo frente a mí,
que nada me quede por decir;
no puedo ni quiero seguir callando
algo que sabes inspiras en mí:
Por ti y para ti vivo;
anhelo descubrir una vida contigo.
Oíd, linda Carolina, oíd,
lo que muero por decirte
ahora que estás delante de mí.

Amiga

Amiga mía a la que amo
y en cuyos ojos veo mañana,
el destino marcó el camino;
no me apartes de tu mirada.

De mañana, tarde y noche

Te quiero de mañana,
cuando las palomas alzan el vuelo en bandadas
y oigo en el pueblo desde mi ventana
los coros de niños y repiques de campanas.

      De mañana te quiero así.

Te quiero en la tarde
cuando la llovizna ha refrescado el aire
y mi sala queda huérfana de luz por partes
en torno a un fogón que apenas arde.

      De tarde tanto te quiero, sí.

Te quiero más de noche
cuando los grillos tocan su sinfonía sin voces
y el sereno y el rocío emborrachan con olores
la hierba, la tierra y los derredores.

      De noche te quiero más a ti.

Acuérdate

Acuérdate de mí,
cuando la vida se te vuelva amarga,
cuando no puedas soportar la carga;
acuérdate, mi vida,
y yo estaré ahí.

Recuérdame solo así,
cuando te oprima la amargura
y tu mañana se torne oscura;
recuérdame, chiquilla,
y yo vendré a ti.

Contémplame un poco, sí,
cuando tu noche sea fría y triste,
recordando las penas que me diste;
contémplame, gacela,
y yo acudiré feliz,

para acariciarte el pensamiento,
para amansarte el remordimiento,
pues estoy a pedir de boca;
llamar tan solo a ti te toca
y yo viviré por ti.

Que por qué te amo

Que por qué te amo tanto, preguntas.
Pregúntale tú misma a esas horas compartidas
bajo un cielo que nos sirvió de dosel;
al sol y a la luna que fueron cómplices y testigos
de mi incondicional querer.

Que por qué te amo así —insistes y lastimas,
cual si queriendo ver si te puedo mentir.
Nunca ha habido pifia, mi vida;
te amo por quien eres y me haces sentir.

¿Por qué amarte tanto entre tantas?
Okey, veo, y entiendo tu dudar;
y si me permites, te lo he de explicar:

Te amo por todo cuanto tienes,
con tus tristezas, enojos y alegrías.

Te amo de arriba abajo sin reservas,
te amo con celo como nunca lo creerías.

Te amo en la cordura y en mis fantasías,
al borde de la locura y en la lejanía.

Te amo porque eres distinta;
te amo porque eres mía.

Dulce adicción

No importa si de baja mañana o noche alta,
lo cierto es que necesito, me hace falta,
ese roce de tus labios que me vuelve loco,
esos escalofríos, amada mía, apenas te toco.

Se me eriza la piel, abrasado en frío calor,
y no soy el mismo después de hacerte el amor.
Eres mi necesidad, mi bendito suplicio,
eres dulce agonía, mi muy imprescindible vicio.

Dime, amada, ¿qué es lo que me has hecho,
que por más que tenga de ti no quedo satisfecho?
Soy prisionero de cada alcoba de tu piel,
adicto al veneno de tus besos de fuego y miel.

Pobre —¡ay de mí!—, que estoy perdido…
miserable mi alma, que a tus pies se ha rendido.
Tremendo es mi dilema, pues no tengo solución:
o eres mi mayor condena o mi eterna salvación.

Para ti

Muero por decirte algo que nadie te haya dicho
y no sé dónde empezar…
Si alabase tu franca hermosura,
seguro lo has escuchado ya.
Si te inventase versos de poesía
o alguna primorosa canción de amor,
no dudo me tildarías de iluso
y hasta ahí llegarían mis alardes de amador.
Si te pintase retrato alguno,
sea a lo Picasso o postimpresionista cual Van Gogh,
sé que si buscase más a fondo
descubriría que ya alguien te lo dedicó.
Decir simplemente que te amo
podría sonar de por sí trillado y hasta vacío,
mas no se me ocurre originalidad alguna
con qué decirte del tormento en este corazón mío.
Ayúdame, te ruego; y si no te molesta,
dame una clave —perdona mi franqueza;
una pista, por más leve y discreta que parezca,
algo que me sirva; no hay pequeña sutileza.
No sé qué decirte, mi amor,
y se me acaban las ideas;
solo puedo ofrecerte mi alma y mi corazón,
y dedicarte toda mi vida, de ser eso lo que deseas.

Era mía y yo la amaba

No era una princesa
ni una doncella de esas
sacada de un cuento de hadas;
pero cual a una yo amé
y mi alma le entregué,
cuando ella no creía en nada.
Llegó a mi vida,
herida, destrozada,
con el corazón partido,
el alma cicatrizada,
sin esperanzas y sin fe,
y yo así la abrigué.
La desperté al querer,
e hice de nuevo creer,
enseñándole que para ser amada
solo tenía que existir;
que era hermosa,
importante y valiosa,
y que sin ella no podía vivir.
Le cumplí promesas,
cuando ella no creía en cosas de esas;
le guardé un millar de sueños,
albergándole quimeras,
y la cuidé como se cuida
a la más frágil mariposa,
a un cristal, una pluma,
un papel, una rosa.

Quizás perfecta no fue,
¡después de todo, yo también pequé!
pero era mi mundo,
y por eso yo la amé.
Fue mi inspiración,
mi razón para ser mejor;
lo suyo fue mío
y lo mío sin reservas le di:
el temor al amor
el amor sin temor,
porque la adoré
cuando la encontré.
Quizás no fue princesa
tampoco doncella,
pero para mí fue una reina,
pasión en mis venas,
razón de mi vida,
la mujer más querida,
la cosa más bella,
esa a la que por nada cambiaba
porque era mía y yo la amaba.

Mátala

[...] me muero y moriré de amor
porque te quiero,
porque te quiero, amor,
a sangre y fuego.

PABLO NERUDA

Mátala, te lo ruego;
mata esta pasión
que me ata y desbarata;
sácame de este juego
que me quema como fuego;
que esto de amarla a ciegas
y no querer oír razón
me tiene dando tumbos
y me destroza el corazón.
Llévatela, te imploro;
acaba ya con esta agonía
de saberme amarla como tesoro
y que ella no diga nada.
No me tortures más, te pido,
y deja morir mi amor de buena vez;
redúcelo en el desprecio,
apócalo en el desdén,
ningunéalo con indiferencia,

que mejor me hace arrancarla de mí
que esta incertidumbre
que me agobia por días sin fin.
Dime de una vez
que no es amor lo que le aguanta,
sino vanidad
porque le encanta
saberse amada y deseada
soñada y adorada;
que no le importa mi cariño,
sino verse colmada de mis versos.
       Te ruego,
       te imploro
       y te pido
que me digas de una vez
si no es que acaso
en secreto
siente ella igual lo que siento yo.

Distancia

El amor no conoce de distancias;
no tiene continente;
sus ojos son para las estrellas.
GILBERT PARKER

Los cielos te lloran hoy;
y cada gota habla de los segundos,
y kilómetros,
que interpone la cruel distancia;
cada una da cuenta de la agonizante espera
que me separa de tu aliento,
de tu abrazo y de tu beso.
Los cielos mismos te lloran hoy;
faltos de tu sonrisa,
negados tu mirada,
porque no estás aquí,
porque no sé vivir sin ti.

Quiero

Quiero ser ese pensamiento
que te salude al despertar
y ese nombre que, acariciándose los labios,
te haga suspirar.
Quiero serte sinónimo de alegría
y cifrarte sonrisas a flor de piel;
antónimo de toda tristeza
que debe quedar en el ayer.
Quiero ser ese brillo especial en tus ojos
y esa sensación de volar al caminar.
Quiero ser esa parte de ti que aún no conoces,
y que deseas encontrar,
            entre ansiosa
            y nerviosa,
            entre traviesa
            y curiosa.
Quiero ser ese querer que se quiere
            cuando se quiere.

Madrugada

No te molestes
si acaso cuando duermes
a mi lado acurrucada
en plena madrugada
mis manos se me escapan
hacia ti.
Que no te incomoden
mis besos sobre tu espalda
ni el roce de mi barba
cuando respire sobre tu cuello
susurrándote mil te quieros.
Porque de ti nunca me sacio
y puedo amarte hasta el delirio.
Porque en tu piel estoy preso
y si no es adorándote no vivo.
No te enojes, mujer amada,
si de tu quinto sueño te arrebato
si de brazos de Morfeo a la fuerza te separo.
Que no te importe
si mi toque febril,
mi esencia viril,
alcanza tu monte de Venus
y lo hace mío
porque,
como bien te digo,
si no es para amarte,
para qué, pues, vivo.

Celos

Celos siento de ti, luna,
que vigilas sus pasos y la bañas con haces
   / de plata y de miel;
envidia de ti tengo, brisa noctívaga,
que la perfumas y le susurras tu querer;
rabia tengo contigo, amanecer,
que la despiertas con arrullos, besando su piel.

Afortunado tú, sol,
que bronceas sus mejillas y bruñes sus cabellos;
y qué decir de ti, cielo, que le sirves de dosel
y deslumbras con tus destellos;
qué daría yo por el aliento que le da vida ser;
a qué renunciaría hoy por ser el aire que respira.

Celoso estoy de ti, lluvia,
que te deslizas suave y humedeces su sonrisa;
envidioso, ay, de ti, agua,
que sacias su sed y sabes que te necesita;
rabioso estoy contigo, atardecer,
que dentro de poco la sabrás dormida.

Qué fortuna la tuya, sombra,
que nunca te le apartas ni le pierdes pie ni pisada;
qué dicha inmensa la tuya, espejo,
que la contemplas y acaricias su mirada;
daría lo que no tengo por poderla abrazar;
renunciaría a todo por ella, por otra vez
   / poderla besar.

Quiero ser (... pero no cualquiera)

I

Quiero ser tu hombre,
pero no cualquier hombre.
Quiero ser uno con temple
para lidiar con la dureza de estos tiempos
y soportar las pruebas que se nos presenten...
Quiero ser el brazo fuerte donde
en tus momentos difíciles halles amparo
y en los alegres aun mayor regocijo.
Quiero consentirte hasta el hastío,
realizando tus deseos, tus sueños
y uno que otro afán de tu corazón;
pero a la vez tener la firmeza necesaria
para decirte no
cuando sea esa la respuesta correcta,
cosa de no decirte sí a todo
solo por complacencia
y acabe perjudicándote
más que beneficiándote.

II

Quiero ser tu amigo,
pero no cualquier amigo.
Quiero ser ese a quien le puedas confiar
tus más íntimas penas sin temor alguno…
Quiero ser ese hombro al cual te puedas apoyar,
y ese oído en el cual
tus frustraciones desahogar;
quiero tenerte siempre listo un tierno abrazo
para que puedas confesar
y compartir tus temores,
o celebrar y contarme tus satisfacciones.
Quiero sentarme a la mesa
y contarte de mi día,
y que riamos juntos de cuanta cosa jocosa
nos pasó;
que me digas cómo estuvo tu almuerzo,
lo que hiciste, con quién discutiste
o que me sorprendas con un:
«¡a que no adivinas quién me visitó!».

III

Quiero ser tu amante,
pero no cualquier amante.
Quiero ser algo más que una huella
en tu almohada,
más que una figura o una voz a tu lado
al despertar;
no quiero ser solo una mano ligera
que al mínimo roce
te quite las sábanas y se quiera a ti acurrucar.
Quiero tener el latido rápido al amarte,
entregándoteme todo con brío y pasión,
pero también controlado, entendedor y paciente
cuando diverjamos en pueril discusión.
Quiero ser amante de corazón sensible
pero estable, seguro y preparado
para enfrentar el destino,
tenaz luchador que no se rinda fácilmente
mas sepa aceptar lo que no pueda cambiar.
Quiero ser parte de tu suerte,
con la certeza de que nada ocurre al azar…
sino que todo se rige amén lo quiera Dios;
quiero saber cuándo proceder ligero,
cuando despacio, o
si es necesario, cuándo
mejor sentarme y esperar.

IV

Quiero ser tu esposo,
pero no cualquier esposo.
Quiero ser uno de cuyo brazo
te enorgullezcas caminar;
uno que celebre tus proezas y tus logros
y te anime a alcanzar todavía más.
Quiero ser ese quien sepa darte tu momento
y tu lugar,
y que valore tu consejo y tu consuelo
cuando crea o tema que no puede continuar...
Quiero ser tu esposo hombre,
esposo amigo y esposo amante;
serte toda conjugación posible del amor:
palabra, gesto, caricia y toda sensación...
siendo tu todo, tu entero, clave en tu existir:
tu principio y tu fin,
tu opción de parar o seguir,
tu orgullo de amar a morir.

No quería enamorarme

No quería enamorarme,
le hice entender desde el principio;
la tendí sobre la cama
y gocé de ella hasta el delirio.
            Gimió y me arañó y no sé cuántas veces
            me dijo la hice sentir mujer,
            y entre besos y más caricias
            la poseí hasta el amanecer.
Qué fácil fue amarla,
acurrucando y estrujándome en sus senos;
qué difícil fue dejarla
una vez me contó sus sueños.
            La mañana me sorprendió
            todavía abrazado a su cálido cuerpo;
            le planté un beso tímido en sus labios
            por eso de ser galán y caballero.
Al par de horas le comenté
de lo bien que la hube pasado,
y ella respondió que también
y de cuánto me había dado.
            ¿Qué tal cosa pudiste dar
            que hasta ahora hubiste reservado?
            «Te di todo cuanto podía entregar,
            entregué todo cuanto me ha quedado».
Callé y no supe qué decir
y una hoguera consumió mi corazón;
y yo, que no quería enamorarme,
me di cuenta de que era amor.

La promesa

Una promesa de amor me hiciste hacer un día:
que nunca dejase de enamorarte
y que te declarase para siempre mía.

Hoy cumplo con esa promesa que ese día yo te haría,
de quererte, amarte y respetarte
como aquella primera vez cuando te desvestía.

Si acaso olvidase mi promesa por alguna tontería,
recuérdame, amada, antes de defraudarte,
que morir mejor para mí sería
que perder un amor que ninguna otra me daría.

Sed

Beber cuando no se tiene sed
y hacer el amor todo el año, señora,
es todo lo que nos distingue
de otros animales.
PIERRE DE BEAUMARCHAIS

Apenas entré la abracé
y de besos la colmé,
cada uno más anheloso que el anterior.
La arrinconé, la acorralé,
la ansié; mas me fue imposible saciar mi sed.
Ella difícilmente podía mirarme a la cara,
y yo cada vez más la deseaba.
Tiré de su cabello,
susurré a su oído,
besé su nuca,
apreté sus pechos,
sostuve su rostro
entre mis manos,
pero ella, pillada
entre deseo y rubor,
unas veces se dejaba
y otras se negaba.

Al final se dejó llevar
por el mayor de los dos.
«Ahora vuelvo»,
entre suspiros me dijo.
. . .
Su toalla arranqué.
El calor nos consumió
al momento,
      mucho antes
      de llegar a la cama.
Se tendió,
    la acaricié,
        la besé,
            la hice mía,
porque así me lo pidió.

Maldición

Una maldición nunca
ha matado una mosca.
Achille Chavée

Yo, que hasta ayer la amé,
entregándole todo mi corazón,
cifrándole sueños y quimeras,
dedicándole respiros y latidos,
la maldigo.
La maldigo hoy con esa misma pasión
que usó para matar mi ilusión.
Maldigo las horas que le di,
las caricias que por su cuerpo recorrí.
Maldigo cada beso que puse en su piel,
su incolumidad ante mi dolor.
Me arrepiento,
¡vaya que me arrepiento!
de creer en sus palabras
cuando me dijo que me amaba,
que nunca la dejara,
que sin mi no podía vivir.
Maldito el momento en que le di mi confianza
cuando me dijo que no me pedía ser perfecto,
sino entenderla, cuidarla y serle honesto.
Me arrepiento,
y vive Dios que lo siento;
no debí llamarla musa de inspiraciones
ni dedicado a su nombre
tantos versos y canciones.

Todo para qué,
si no le importa que me muera;
si solo quise amarla a sangre y fuego.
¿A dónde fueron sus promesas
de amarme en buenas y malas?
¿Los besos que me dio
en cada hola y en todo adiós?
La odio, ¡cómo la odio!
Tantas veces que en mis brazos fue mujer
y me juró amor eterno.
¿Cómo pudo olvidar que yo sí la amé?
La odio porque la amé más que a nadie,
porque le di mi amor con devoción.
La odio, cómo la detesto, vale,
por romperme sin pena el corazón.
La odio y la maldigo, vive Dios, y pido
que haya piedras y abrojos bajo sus pies,
que sus labios prueben la hiel por miel,
que sus mejillas queden sin lágrimas
y que se enamore y ame cual yo la amé,
para que con la misma moneda le paguen,
y pruebe en carne propia
lo que en ella derroché.

Por el bien de los dos

Ella sabía suya toda mi alma,
y conocía cada resquicio de mi corazón.
Me desviví por ella noche, alba y día;
le entregué todo hasta perder la razón.
Pero en el amor hay misterios,
cosas que los amantes no siempre entenderán;
ayer le dije que ya no la amaba
y que no me buscara más;
si hice lo que hice,
fue por el bien de los dos...
Hoy que amanecí sin ella,
tras una noche fría y desierta
y sueños abarrancados en el dolor,
me pregunto si creyó en esas cosas
que le dijera en mi inesperado adiós,
no tengo forma de saber;
que de mí se apiade Dios...
porque la extraño y me muero,
siento que me falta el aliento,
se me quiebra el alma
y no encuentro paz ni razón.
se me secan las venas,
se pulverizan mis huesos,
ya no tengo poesía
y se me murió toda ilusión.

Fue por el bien de los dos,
intento convencerme:
fue por el bien de los dos…
Ella era mía, la amé hasta el delirio,
su cuerpo fue santuario de mi devoción.
Llamarla era verso y su voz melodía,
su existencia mi sola inspiración.
Fue por el bien de los dos,
quisiera decirle:
fue por el bien de los dos…
¿Por qué entonces me muero
por tenerla de nuevo,
por escuchar otra vez el son de su voz?
¿Por qué reviento por dentro,
por qué la espero y la sueño,
si digo que es mejor para los dos?
¿A quién intento engañar?
si daría lo que no tengo
por solo, por tan solo una vez,
volverla a abrazar.

Soneto a un amor perdido

Observa bien a esa mujer, te pido;
sabrás tú que la quise con vehemencia,
con mezcla de cordura y de demencia;
obsérvala bien y oye lo que digo.

La amé toda, de arriba abajo;
no hubo palmo de su piel que no besé;
si alguien la quiso más que yo, no lo sé;
sé que no exagero, no me rebajo.

Mírala bien, de modo que así veas
mis huellas sobre su piel y así creas
que fue toda mía hasta el delirio.

Mas por mi insulsa soberbia la perdí;
se fue un día con el amor que le di.
Cómo me duele verla; ¡es un martirio!

Infinito

¿Puedes contar las arenas del mar,
o las estrellas en el firmamento,
contener el aire en un puño,
o enumerar las hojas en un árbol
o la hierba bajo tus pies?
Imposible.
Como lo es intentar poner medida
al amor que te tengo.
Sería como querer seguir el horizonte
con miras de alcanzarlo,
pues siempre acabarás de vuelta
justo donde empezaste.
Le busco lindes a mi amor,
pero solo me prueba que,
cual todo lo que es infinito,
termina donde justo empieza:
      en tus brazos,
          en tus labios,
              contigo,
                  en ti.

Entre ella y tú

Nunca me des a elegir entre ella y tú.

A ella la conozco de años
y ha estado conmigo en buenas y malas,
visitándome desnuda en las noches
y de vez en cuando asomando su coquetería
en las mañanas.

A veces, conocedora de todo capricho,
se revela en la tarde,
aun cuando el sol no se ha puesto,
como queriendo decirme
que es mía en todo momento
y que pasará la noche conmigo.

Es vanidosa, pero la amo;
le gusta oírme suspirar por ella,
pero no me importa que perciba
esos deslices de debilidad,
porque es toda mía.

Sin embargo, hoy que te conozco
y existes en mi mundo,
siento el peligro de amar a dos.

Me aterra pensar cómo me he comportar
cuando ambas estén presentes;
si podré ser caballero y galante ante dos,
sin provocarle celos a una o a la otra.

¿En qué ojos me embelesaré
cuando estén frente a frente?

¿Cuál tendrá mi atención
si me hablan a la vez?

¿En cuál pensaré al besar o hacerle el amor?

No me den a elegir, que no puedo.

Peligro de ser infiel,
no sabiendo ni pudiendo decir a cuál amaré.

¿Será?

Qué es lo que tanto me gusta de ti,
es una pregunta válida que a menudo me formulo.
¿Será tu sonrisa que tanto me alegra el corazón,
pues sé que estás contenta?
¿Serán tus lágrimas que me rompen el alma
y me hunden en la nulidad de la impotencia?
¿Será por cómo te sinceras y desnudas ante mí?
¿Será tu despreocupación por las cosas banales
y tu sencillez al gozar la vida a plenitud?
¿Será porque no te quita el sueño
saborearte un dulce sin pensar en calorías?
¿Será tu espontánea vanidad
ante la ocasión de lucir esplendorosa para mí?
¿Será la dulzura de tu voz al coquetearme
o tu picardía cuando quieres darme celos?
¿Será tu firmeza, serán tus flaquezas?
¿Será porque escuchas mis desasosiegos
y siempre sabes cómo librarme de ellos?
¿Será porque toleras mis infantilismos ocasionales?

¿Será porque no te acompleja
dejarme verte sin maquillaje o con un *dubi*?
¿Será porque no te preocupas
de imperfecciones en tu desnudez?
¿Será por cómo recurres a la defensiva
cuando soy yo quien te provoca celos?
¿Será por la forma con que respondes
al toque de mis dedos o al roce de mis besos?
¿Será por cómo reaccionas a mi abrazo?
¿Será porque no te inhibes cuando hacemos el amor?
¿Será cuál de tantas cosas?
¿Será que eres perfecta para mí?
¿O será cuestión de conformismo?
Ante tanta incertidumbre,
vale Dios que no engaño
al responder que lo que más me gusta de ti
es el verte saberte amada así.

El amor

El amor es sufrido y benigno;
      no es vanidoso —de todo es digno;
      no conoce de envidias ni es celoso;
      jamás presumido, no es orgulloso.
El amor no hace indebidos
      no busca lo suyo si no es pedido;
      no guarda rencores ni es quisquilloso,
      ni trata de salir siempre victorioso.
Todo lo sufre y todo lo espera,
      en su paciencia a veces desespera—
      todo lo cree y todo lo da;
      odia la injusticia, ama la verdad.
Quien ama es fiel y vive por ese amor,
      cuéstele lo que le cueste, incluso con dolor;
      confiando en quien ama, siempre más;
      sumiso y humilde, sin caer jamás.
Defiende a sus amados con firmeza;
      no hay nada mayor que su grandeza;
      presto al perdón, es único—
      su devoción y afán hace públicos.

Esperanza, amor y fe —son ellos tres;
 de ellos siempre mayor es el que aquí ves—
 nunca jamás dejes de creer
 porque el amor jamás dejará de ser...
Será todo deseos, fe y comprensión;
 más que suspiros, deber y adoración;
 será lágrimas, pasión y fantasía,
 más que promesa, será música y poesía;
Será pureza, prueba y recompensa
 do prevalecerá la sublime inocencia;
 porque todo lo soporta, él triunfará;
 sobre todo obstáculo él estará.
Si con todo lo que ves no te convenzo
 acúsame de buena vez, amor,
 porque de amarte igual no me arrepiento.

Inspirado en la 1.ª Epístola a los Corintios (13) y en la obra Como gustéis *de William Shakespeare.*

Hasta que te olvide

En una maraña de pasión me tienes enredado;
no sé cómo escapar, no tengo solución.
Tendría que negarte, ¡y eso ni pensarlo!
La verdad es tan sencilla como que no tengo valor.

Hoy quiero decirte al oído lo que siento,
un secreto que a los cuatro vientos quisiera ya gritar:
quiero hablarte de un tal sentimiento
que me arrastra, me ciega y no me deja en paz.

Y es que hasta que te olvide seguiré
soñando con el roce de tu piel,
ardiendo de deseos por besar tu boca,
alimentando mil quimeras con mis ansias locas.

Hasta que te olvide viviré
buscando la manera de hacerte ver
que muero poco a poco cada día
en esta cruel agonía de quererte mía.

Si con un verso de te quieros te pudiera convencer
de que la madeja de mi vida la sostienes tú,
¿podrías creerme, aunque sea un instante,
que de cada poema eres verso y de cada camino mi luz?

Por si no lo sabes, es tan simple lo que digo:
te amaré como tú quieras, en lo puro y lo prohibido,
con el ímpetu del viento o de la brisa su suavidad,
como manantial que fluye o como bravo golpe de mar.

Y es que hasta que te olvide aquí estaré,
por ti , solo por ti, viviré y moriré;
el suspiro y los rápidos no cesarán
porque como yo jamás te amarán.

Hasta que ya no te recuerde continuaré
con tu nombre grabado a flor de piel,
porque te llevo conmigo en carne viva;
y si volviera a nacer,
en la otra vida te volvería a querer.

Permítame, señora

Hay algo triste en su mirar,
por más alegría que quiera aparentar.
Si tan solo usted, señora,
unos minutos me pudiera dispensar,
intentaría con unos tímidos versos
       sus penas disipar:
decirle que es hermosa,
y más que eso, encantadora;
y como se habrá dado cuenta,
aún roba miradas delatoras.
Si, como diría Varguitas, es sinónimo
de fuerza sensual y experiencia digerida,
no tiene sentido a estas alturas
       sentirse sola y abatida.
Usted no tiene culpa de la suerte
       que la vida le deparó;
enjúguese esas lágrimas, vamos,
       que ya todo es pasado, pasó.
Sonría y ame, dejando la tristeza atrás.
Cante, ría y baile, no deje la vida pasar.
Sépase amada como amiga y hermana
y como hija y madre abnegada.

Abra, pues, puertas y ventanas
        e invite a pasar lo mejor,
y permítase sentir que nunca es tarde
si se tiene espacio para el amor.
Permítame, le pido, tomar su mano
        y ser su amigo,
decirle que si me inspira estos versos,
no sé qué pasa conmigo.
Acelera mis latidos apenas se acerca
y me los vuelca igual cuando de mí se aleja.
Le ruego me perdone si excedo mi confianza;
pero tengo, me urge y necesito
        salir de mi dudanza,
pues sueño con su beso y acariciar su piel,
que sepa lo que vivo
y que mi sentimiento es fiel.
Quiero colmarla de cariños, detalles
        y momentos,
dedicándole mi todo, ¿por qué no?,
si al amor no le importa que usted
        sea mayor que yo.

Cinco de a tres

1

Cómo olvidar
esa primera noche:
fue en febrero.

2

Yo vi tus ojos,
y tú me sonreíste;
¡qué felicidad!

3

Me enamoré,
me enamoré de ti.
¡Cómo te amé!

4

Te escogí cual
te elijo otra vez
cada mañana.

5

Porque vi en ti
promesas de mejores
días por venir.

*B*endito Dios

Bendito Dios
      que te ha puesto en mi camino;
bendito el Señor,
      faro y guía de nuestro destino.

Amor lunático

La noche de anoche fue mágica;
poco faltó para aullarle a mi amada.
Quise subirme al techo de mi casa,
con una vara para bajar panas
con que intentar descolgarla para llevártela;
pero si de queso resultara ser,
no prometo que te llegue sin morder.

www.ingramcontent.com/pod-product-compliance
Lightning Source LLC
Chambersburg PA
CBHW031332040426
42443CB00005B/309